江西

非物质文化遗产旅行线路

JIANGXI INTANGIBLE CULTURAL HERITAGE TOURISM ROUTES

图书在版编目（CIP）数据

江西非物质文化遗产旅行线路 / 李小豹主编. -- 南昌：江西科学技术出版社, 2021.11
ISBN 978-7-5390-7980-6

Ⅰ. ①江… Ⅱ. ①李… Ⅲ. ①非物质文化遗产 - 旅游资源开发 - 研究 - 江西 Ⅳ. ①F592.756

中国版本图书馆CIP数据核字(2021)第234392号

国际互联网(Internet)地址：
http://www.jxkjcbs.com
选题序号：**ZK**2020351
图书代码：B21199-101

江西非物质文化遗产旅行线路 李小豹 主编

出版发行	江西科学技术出版社
社址	南昌市蓼洲街2号附1号 邮编：330009 电话：(0791)86623491 86639342(传真)
印刷	南昌市雅捷广告印务有限公司
经销	各地新华书店
开本	889 mm × 1194 mm 1/16
字数	90千字
印张	8
版次	2021年11月第1版
印次	2021年11月第1次印刷
书号	ISBN 978-7-5390-7980-6
定价	30.00元

赣版权登字-03-2021-362
版权所有，侵权必究
（赣科版图书凡属印装错误，可向承印厂调换）

前言

江西是中国革命摇篮、人民共和国摇篮、人民军队摇篮、中国工人运动策源地。

江西境内有庐山、井冈山、三清山、龙虎山、武功山、鄱阳湖……山清水秀，风景独好。

江西自古有“吴头楚尾、粤户闽庭”之称。中原文化、湘楚文化、吴越文化、岭南文化在这里交融传播，孕育了与广大群众生活密切相关，世代相承的绚丽多彩的非物质文化遗产。江西非遗保护工作者坚持以马克思列宁主义、毛泽东思想、邓小平理论、“三个代表”重要思想、科学发展观、习近平新时代中国特色社会主义思想为指导，大力推进文化建设和非遗保护工作，践行非遗“见人见物见生活”的基本理念，非遗保护成果显著。江西现有国家级非遗代表性项目 88 项、省级 472 项，国家级非遗代表性传承人 69 名、省级 542 名，拥有国家级文化生态保护区 1 个、实验区 2 个，省级文化生态保护试验区 2 个，国家级非遗生产性保护示范基地 4 个、省级非遗生产性保护示范基地 80 个。境内陶瓷文化、徽州文化、客家文化、庐陵文化、临川文化、书院文化、茶文化、医药文化等文化形态，是古今江西人民共同铸成的宝贵的文化财富。

这些丰富多彩的古色文化资源共同构成了江西文化旅游靓丽的风景线。

不同的景色与风土人情触动着人们的感官，促使人们去享受别样的生活。跟着非遗去旅行，是最好的诠释。近年来，随着各级非遗保护工作不断深入，文化与旅游不断融合，各地积极探索“非遗＋旅游”新模式，收获丰厚。

“非遗＋旅游”助力传统工艺振兴，助力乡村振兴，助力广大人民健康生活，方兴未艾。“非遗＋旅游”正成为新时代的一种新时尚。

江西特色非遗旅行线路

江西非遗旅行线路

江西“非遗+旅游”优秀案例

江西特色
非遗旅行线路

瑞金

江西风景独好
UNIQUE LANDSCAPE
IN JIANGXI
江西·传承寻根之旅

江西红色文化丰厚。本线路以红色体验为主题，加入了超过17项的国家级和省级、市级非遗展示展演项目，增强了线路的文化吸引力，互动参与性更强。

Day1

第一天

抵达南昌，参观滕王阁，在南昌市瓷板画博物馆了解瓷板画技艺。入夜，观看《滕王夜宴》表演。

瓷板画作品《梅兰芳》

瓷板画画家

瓷板画

瓷板画是绘画艺术和陶瓷艺术的结合，不仅可以画出逼真的摄影、古典油画效果，还能表现各种流派的艺术风格，是赣文化的重要组成部分。

第二天

前往萍乡，游览武功山景区，登金顶、走玻璃栈道。参观安源路矿工人大罢工纪念馆，欣赏《萍乡春锣》表演。

萍乡春锣演唱进农家

萍乡春锣

萍乡春锣由明末的“报春”演变而成，表演时由一人运用萍乡方言，兼有说唱演唱。在腰部用红绸系一面小鼓和锣作为表演乐器，站唱或走唱。曲词生动流畅、通俗易懂。

萍乡春锣国家级传承人雍开全

游览莲花县莲江国家级湿地公园，观赏自然风貌。至良坊水韵田心生态旅游区，体验莲花打锡、莲花血鸭烹调技艺，以及木雕、篾器、制秤等 7 种传统工艺。在路口锡器展览馆了解莲花打锡历史起源，走访路口古民居。

打锡手艺人

莲花打锡

莲花县路口镇街头村是莲花打锡的发源地。打锡就像一日三餐，给这里的人刻下鲜活的印痕。锡器经熔、画、剪、打、锉、焊等工艺，落落大方地呈现出来，故有“三分打，七分磨”之说，堪称民间手工一绝。

莲花血鸭烹调技艺

“莲花炒血鸭”始于南宋末年，为百姓所喜食。它对原料、烹调技术要求高，是莲花县唯一上了国宴的佳肴。

莲花血鸭

前往吉安，参观永新县三湾改编旧址，欣赏永新盾牌舞、永新小鼓，体验红军斗笠制作技艺，品尝永新和子四珍成品。游览井冈山革命博物馆、小井红军医院、五龙潭，穿红军装、走红军路，感受不一样的红色体验。

盾牌舞表演——龙门阵

永新盾牌舞

盾牌舞流传于永新县，由男子集体表演。表演时，两军对垒破阵、相互攻守拼战。音乐吸收了灯彩中唢呐曲牌“锣腔”、戏曲中长音加花的“南路散板”和“国术”中的快板锣鼓等。

永新小鼓

永新小鼓早期是盲人艺人谋生度日的曲艺，后改用小鼓伴奏，演唱逐渐发展到长篇曲词，并多使用当地群众通用语、习惯语、谚语，为人们喜闻乐见。

永新小鼓表演

编织斗笠

永新红军斗笠制作技艺

1927 年，毛泽东带领秋收起义部队进入永新三湾，南乡人民编织了数以万计的斗笠送给红军遮阳避雨。永新红军斗笠伴随着革命军人，走长征、经抗战、迎解放，成为传承红军精神的活样本。

游览井冈山，参观茨坪革命旧址、黄洋界、上井等景点，看全堂狮灯，体验竹编技艺，品尝红米酒。

全堂班

井冈山全堂狮灯

全堂狮灯既有赤手空拳的武术套路，又有多种武术器械，配以锣鼓、唢呐等乐器伴奏，至今仍遗存着古朴原始的民间武术风貌。

竹编手艺人

井冈山竹编

井冈山竹编为手工制作，有些制品要在 2 ～ 3 毫米的竹条上取 20 多层，竹料薄如蝉翼。新中国成立后，竹编通过穿、插、钉、锁等技艺，能编织 15 类 100 多个花色品种。

前往赣州于都，游览中央红军长征出发地纪念园，在潭头村非遗传习基地，欣赏唢呐公婆吹、客家古文，品尝赣南客家擂茶。

于都唢呐公婆吹

于都唢呐公婆吹乐器分“公”“婆”两支唢呐。演奏时，艺人配以大钹、小钹等乐器吹打，高低音演奏风格辅以激昂的曲调，具有浓郁的地域特色。

乡间婚礼公婆吹

客家古文

客家古文是一种说唱艺术，“一人一台戏”，以方言为主。表演者多为盲人，以演唱古文谋生，乐器一般为勾筒、二胡、竹板等，有时也有唢呐。

省级传承人肖秋林

赣南客家擂茶制作技艺

擂茶是赣南客家人的传统饮茶习俗，原料有茶叶、糯米、芝麻等配料及各种青草药。“擂”即研磨，直至捣烂成茶泥，开水冲泡，再倒入少许高山茶油。擂愈久香愈浓。

聚焦擂茶

前往赣州瑞金，游览叶坪、红井、二苏大等景区，在瑞金市文化馆观赏手工艺术模具雕刻钢模技艺和竹编技艺。前往瑞金市鱼圆传习所，体验鱼圆制作技艺。在瑞金市歌舞剧团，欣赏赣南客家民歌，观看《浴血瑞金》实景演出。最后返程。

手工艺术模具雕刻钢模技艺

手工艺术模具雕刻钢模技艺是瑞金市的传统手工技艺。雕刻时，手艺人刀法娴熟，运用自如，多以中华神鸟、神兽、图腾等为图案，并运用不同材质的五金、塑料、皮件等，雕刻出千姿百态的日用品、装饰品。

手工艺术模具雕刻钢膜技艺省级传承人严恩荣在雕刻

瑞金竹编省级传承人杨荣仿

瑞金传统竹编

瑞金竹编由最初的竹，经破篾、开片、梳丝等工序，使产品更富有灵性。当地多以家庭作坊式为主，师徒传授。瑞金竹编是外国友人喜爱的收藏品。

瑞金鱼圆制作技艺

鱼圆是赣南的传统美食，据传乾隆皇帝品尝后赞不绝口，亲赐“鱼圆”之名。原先鱼圆制作局限于厨艺（烹饪）行当传承，后进入东道（酒席）菜谱行列，与肉圆、扣肉组成东道“三大名肴”。

胡燕春传授鱼圆制作技艺

鄱阳湖

江西·环鄱阳湖非遗体验之旅

九江

南昌

景德镇

上饶婺源

上饶三清山

鹰潭龙虎山

环鄱阳湖地区分布着庐山、三清山、龙虎山、龟峰等著名世界自然和文化遗产，以及众多的非遗项目，是江西对海内外推广的最主要精品旅游线路。

国家5A级景区滕王阁

抵达南昌，参观国家 5A 级景区滕王阁。至中华宣纸刺绣研究所体验南昌宣纸刺绣。

南昌宣纸刺绣

南昌宣纸刺绣

宣纸刺绣是将宣纸书画艺术与刺绣工艺相结合的一项刺绣艺术。继承了顾氏宗族的“纸绣”传统。

宣纸刺绣作品

Day2 第二天

前往九江，参观庐山、秀峰等景区，参观国家级非遗项目金星砚、草龙制作技艺，观看国家级非遗项目青阳腔、西河戏。

青阳腔国家级传承人殷武焕在辅导九江学院学子

湖口青阳腔

青阳腔自明代进入湖口，流传至今。其魅力在于简约鲜明的脸谱、独树一帜的音乐、行当齐全的角色、技艺精湛的做打、题材丰富的剧目。

湖口草龙

流行于九江湖口县的民间草扎技艺。按旧俗，秋收后人们用稻草扎制草龙串村游玩以庆祝丰收。整条龙用竹木做支架，由单数节段构成，采用了编、嵌、镶、绕、挂等十多种手法。

2007 年农民舞龙队在石钟山舞草龙

金星砚制作技艺

金星砚以当地出产的宋石为原料，相传第一方金星砚出自陶渊明之手。制作工序有开采、选料、制坯、雕刻、打磨抛光等。因石中含铁，氧化后呈金色，极具地域性色彩。

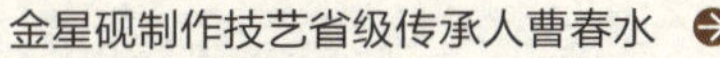

金星砚制作技艺省级传承人曹春水

桃林村李家上湾的村姑们在表演西河戏

西河戏

西河戏植根于村野乡俚，声腔主要为板腔体，旋律高亢外放，浑厚简单，西皮二凡为基本声腔。内容推崇忠、孝、节、义，多取材于历史故事。

Day3 第三天

前往景德镇，参观古窑民俗博览区，在名坊园观看手工制瓷技艺，后至元明清三朝时产品专供御用地——御窑厂，最后至陶溪川文创街区。

景德镇手工制瓷技艺——挑坯晒坯

景德镇手工制瓷技艺——拉坯

景德镇手工制瓷技艺

景德镇手工制瓷技艺包括练泥、拉坯、施釉等工序。随着工匠们对技术的不断探索、改进和创新，该技艺发展成集历代经验之大成的博大精深的技艺体系。

Day4 第四天

前往婺源，在婺源非遗展示馆了解婺源非遗项目保护情况。在李坑、江湾看三雕、歙砚等传统手工技艺和非遗节目演出。前往篁岭观看传统民俗，品尝传统小吃。在赋春甲路村看甲路纸伞制作技艺。赋春林生茶庄的绿茶制作技艺也值得一看，最后以一场梦里老家大型山水实景演出结束婺源之旅。

婺源三雕

在婺源古宅建筑中，砖雕、木雕、石雕各司其职，各具特色，被称“婺源三雕”。婺源三雕取材严格，雕者执刀有力，刀随意至，意随刀达，相得益彰。

木雕艺人做精雕

思口新源俞氏宗祠局部

婺源绿茶制作技艺

婺源绿茶制作技艺已有1200多年历史，每年春分前后开园。采摘按一芽一叶标准；清明后，按一芽二叶标准，再进行摊青、清风、热揉等多道工序，使绿茶兼有碧绿的色泽和浓醇的香味。

歙砚制作技艺

婺源歙砚为中国四大名砚之一。制作以雕刻艺术为中心，由选石、雕刻、配制砚盒等工序构成，形成了“清新、淡雅、简洁、古朴”的艺术风格，被誉为“砚国名珠”。

雕琢

徽墨制作技艺省级传承人詹汪平描金

婺源徽墨制作技艺

徽墨生产可追溯到唐代末期，有的“其坚如玉，其纹如犀，写数十幅不耗一二分也”，有的“光可以鉴，锋可以截，比德于玉，缜密而栗。其雕镂之工，装式之巧，无不备美”。

婺源甲路纸伞制作技艺

康熙年间的《婺源县志》将甲路伞列入《货属篇》。该技艺取材生长三年以上的毛竹，经22道工序，综合应用力学、材料学、机构学原理。制作的纸伞造型美观古朴别致，晴雨相宜，经久耐用，有较高的欣赏收藏价值。

制伞骨

Day5 第五天

前往上饶，游览三清山，在东部的阳光海岸景区看日出，再到西部的西海岸景区，感受凌空云阁观景长廊美景，令人大饱眼福。

三清山全景图

巨蟒出山

Day6 第六天

前往鹰潭龙虎山，游泸溪河，看鸬鹚捕鱼，尝仙人豆腐，品天师八卦宴，观看中国第一部“行进式”大型山水实景演出《寻梦龙虎山》。

鸬鹚捕鱼

鸬鹚捕鱼

鸬鹚捕鱼在龙虎山的渔民中世代相传。一叶扁舟出没于龙虎山的丹山碧水之中，矫健的鱼鹰、迅捷的鱼儿、黝黑的渔夫、碧绿的江水、两岸群山，构成了一幅美丽动人的和谐画卷，也是龙虎山野性、力量与传统的象征。

前往龙虎山上清古镇景区，游正一观、上清古镇、上清宫，欣赏龙虎山正一天师道道教音乐、龙虎山正一天师道斋醮科仪。最后返回南昌，结束环鄱阳湖非遗七日游。

上清宫

上清宫

地处龙虎山下，始建于东汉年间，是历代正一道天师阐宗演法、降妖除魔的宗教场所，为中国道教分支正一道原祖庭。

道教音乐

龙虎山正一天师道道教音乐

龙虎山正一天师道道教音乐具有浓郁的赣鄱文化特色，发展过程中不断吸收和融合江西民间音乐，形成了“上清韵”“弋阳韵”“牌子曲”等特色的龙虎山道乐，逐渐由虚无玄妙的“仙乐”向雅静甜美、乡音淳厚的“俗乐”转化。

龙虎山正一天师道斋蘸科仪

正一天师道斋醮科仪，是祈祷神仙保佑、赐福消灾或为亡者追荐超度的宗教活动。高功法师在举行醮仪时，有许多特殊的功法，如叩齿、掐诀、存想等，构成了道教特有的文化内涵。

参神

江西非遗旅行线路

南昌·滕王阁

南昌市

英雄城文化之旅

Day1

一日游

上午，参观豫章绣工坊。于中华宣纸刺绣研究所，感受宣纸书画艺术和刺绣工艺的完美结合。下午，参观南昌市瓷板画博物馆园，体验瓷板画绘制。前往青山湖区文化馆，看城南龙灯。夜游赣江，登滕王阁，观赏《滕王夜宴》演出。

豫章绣

豫章绣绣品单纯、大气。针法多采用平针、簪花针等，尤其表现在八大山人的水墨山水韵味上，正面看是水墨画，反面看像素描，笔触感清晰，是刺绣与书画的完美结合。

豫章绣《芦苇双鹤》

青山湖区文化馆

青山湖区文化馆

青山湖区文化馆始建于 1952 年 11 月，馆外部设计新颖夺目，具有美轮美奂的时尚元素，馆内设有活动部、培训部、办公室、非物质文化遗产研究保护中心。

城南龙灯

青云谱区城南村扎龙灯、舞龙灯已有 700 余年历史。传统扎制龙灯有几十道工序，经改进创新，龙灯焕发新的生命力，吸引海内外大批顾客观赏、采购。

城南龙灯

五彩福地·昌南风情之旅

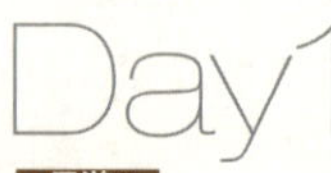

一日游

上午，参观三江镇后万古村，看名胜古迹，逛秀挹三江腌菜博物馆，游览凤凰沟风景区。下午逛原城纪·南昌，享世外桃源，寻找老南昌城市记忆。参观煌上煌酱卤博物馆，了解酱卤文化发展。

三江镇萝卜腌菜

三江萝卜腌菜制作技艺

该技艺采用乾隆古井之水发酵，三伏天老坛窖藏，历经300天后开坛、调味、炒制。据说当年乾隆皇帝下江南时，觅得三江萝卜腌菜后食欲大开，后得“一寸腌菜一寸金”的美誉。

凤凰沟风景区

景区拥有茶叶、蚕桑、绿化苗木、果业等成熟生态产业体系，还有古法茶叶制作技艺、桑叶馒头制作技艺。可观万亩茶海，体验摘插、制茶、品茶、购茶。

凤凰沟

原城纪·南昌

“一席原城纪、半部南昌史”，景区通过对老记忆、老风物、老故事、老场景的挖掘，还原南昌城市记忆，让人们在就近街区，就能享受更惬意的休闲时光。

原城纪古街区

南昌采茶戏《方卿戏姑》

南昌采茶戏

起源于清道光年间南昌民间的“花灯”和“十二月采茶调”，曲调有茶灯、扳笋等。传统剧目有《南瓜记》《鸣冤记》《辜家记》《花轿记》，合称“南昌四大记”。

煌上煌酱卤博物馆

馆内藏有历朝历代关于酱卤饮食的器皿、食盒等珍贵实物近320件。仿铜浮雕墙，范蠡制酱、唐代宴饮、熬制卤水、黄埔古港等场景，生动展示了中国和世界酱卤文化的发展。

黄埔古港（原名酱园码头）

快意人生·文房四宝传承之旅

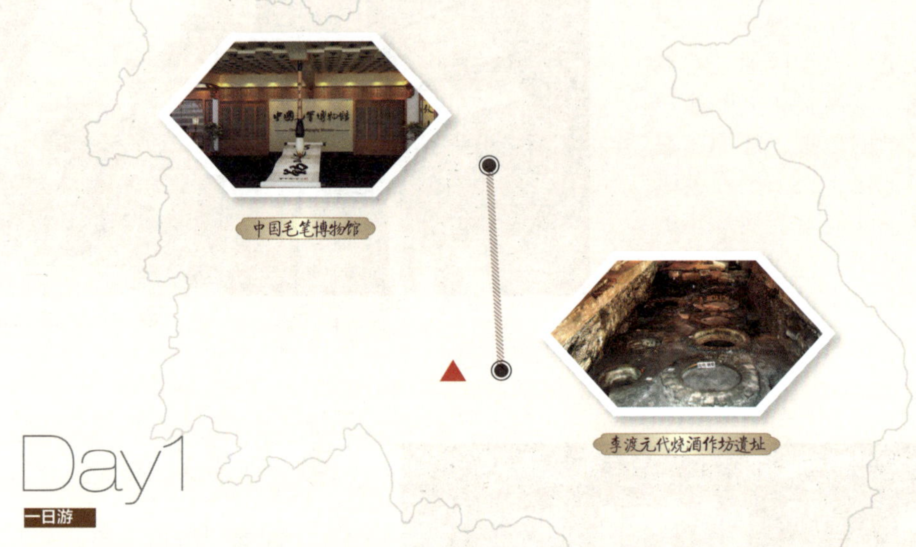

Day1
一日游

上午，游览李渡元代烧酒作坊遗址，了解“一瓶李渡酒、半部江西史”的历史渊源，参观古法酿酒与现代科技相结合示范基地、百年调味酒地坛，体验酿酒技艺，品尝原浆酒、酒糟鸡蛋。下午，游览中国毛笔博物馆，体验制笔工艺流程，感受中国篆刻文化发展。

李渡烧酒酿造技艺

李渡烧酒以稻谷为原料，加入糖化发酵剂酿造而成，从原料到成品，要经煮料、发酵、蒸馏三大工序，酿造出的酒色泽清亮、清香四溢。

加浆摊凉

文港毛笔

进贤文港毛笔制作技艺

明代万历年间，文港毛笔成为宫廷御笔，其制作分芯毛、护毛、草灰、笔杆及芯杆组合、治笔、包装等工序，突出毛笔“尖、齐、圆、健”四大特点。

钢笔展示馆

钢笔展示馆

该馆毗邻中国毛笔博物馆，内设西洋水笔、中国近代钢笔、名家手稿典籍、名人钢笔字帖及钢笔制作工艺展示。

文房四宝交易市场

中国文房四宝交易市场

该市场由物流仓储区、精品展示区、半成品及原材料辅料区、电子商务、大师工作室及名人字画展示区等部分组成。

周信兴精微艺术馆

该馆是一家以纯手工雕刻与微雕的工艺美术创作基地。微雕所用材质从单一紫竹毛笔到紫木、牛角、陶瓷、玉石不等。其艺术在当地可谓家喻户晓。

周信兴工作

周信兴精微艺术馆

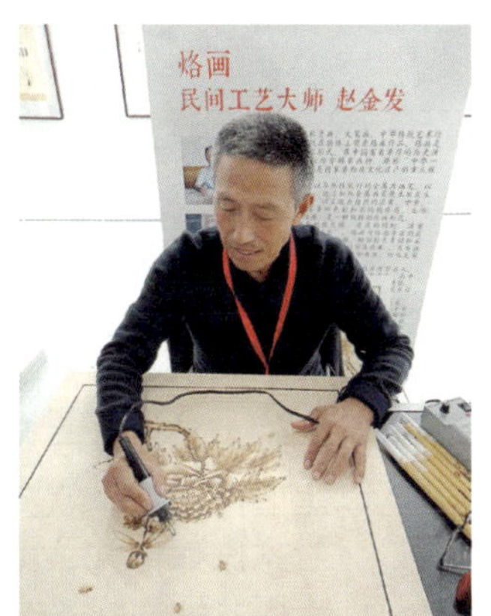

民间烙画大师赵金发

进贤烙画

烙画，是在竹木板等物体上熨出烙痕的一种民间绘画艺术。当代烙画以金属为画笔，优质木板为媒介，呈现出自然色彩和不同质感。

烙画作品《西施浣纱》

大美湾里·文化生态之旅

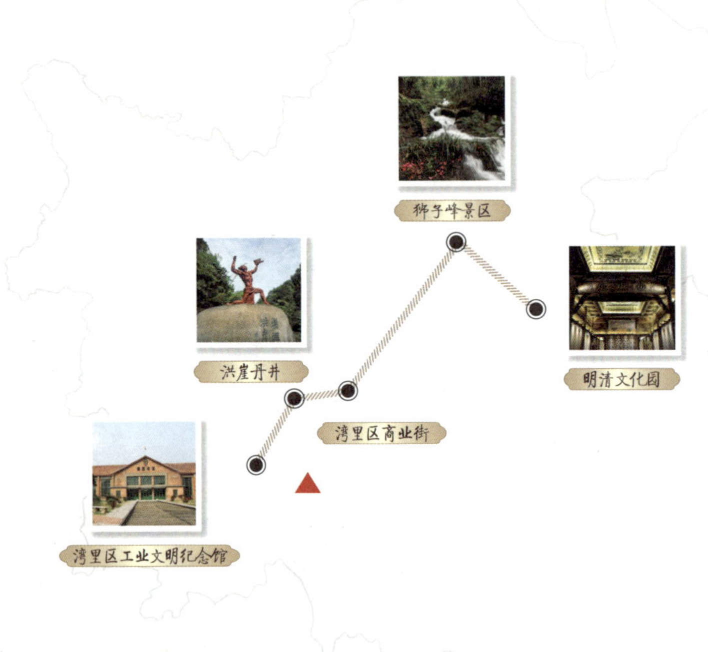

Day1

一日游

上午，游览湾里区工业文明纪念馆，观看豫章剪纸。游览洪崖丹井、湾里区商业街，欣赏萧坛云雾茶制作技艺，参观体验古法茶叶炮制流程。下午，游览狮子峰景区，参观花岗岩地质景观。在明清文化园，看明清古建筑、参观江右贡绣、体验手指画、听传统评书。

豫章剪纸

豫章剪纸以剪、刻、凿、印为主，红纸、宣纸和蜡纸为材料，多为单色剪纸，风格既有北方的粗犷浓厚，又有南方的秀丽明快，两者相辅相成。

豫章剪纸

洪崖丹井

洪崖丹井

中国音律发源地，崖壁峭绝，飞瀑北来，其下井洞深不可测。作为“豫章十景”之一，这里有乐神宫等人文胜迹，也有仙乐溪、踏音溪、百乐溪等景观。

湾里狮子峰

狮子峰景区

梅岭最具代表性的景点之一，这里峰之奇、石之奇、洞之奇、瀑之奇，又有雄伟的危崖、满山遍野的翠竹，古垄青藤、烟波浩渺的泮溪湖，堪称人间仙境。

江右贡绣

以蚕丝线为主在织物上进行刺绣的民间手工刺绣艺术。技术上开创了摄影风格的单、双面绣，使光、影更立体，使刺绣作品比摄影照片更具艺术魅力。

双面绣团扇《八大山人·紫竹》

手指画作品

湾里手指画

手指画是以画家的手指代替传统工具中的毛笔蘸墨作画。手指画重视技巧和墨色的浓淡、干湿、运指快慢，用点、按、抹、推、擦、拉、弹等多种方法，以形写神，作品形神兼备。

画里安义·古村寻根之旅

Day1

一日游

上午，游览安义古村、罗田村、京台村、水南村，打卡“网红晃桥”。参观南昌技师学院，了解匾额书法雕刻技艺。下午，参观黄洲镇茅店村，体验黄洲米粉制作。最后游览安南小镇，享受复古浪漫、风情满溢的悠闲时光。

安义古村

安义古村由罗田、水南、京台三个村落连缀而成。这里有高端民俗民宿产业集群、赣派小吃街，京台村更建成了江西（南昌）青少年文创研学基地，全面满足游客休闲、娱乐、商务等多方面的需求。

安义古村

邹氏兄弟雕刻

匾额书法雕刻技艺

安义县潦河南岸板溪邹家“板耕斋”，长期以匾额书法雕刻为业。传承人以刀代笔将书法的起笔、行笔、按笔、转笔、收笔等立体化地表现出来。

黄洲宗山米粉制作技艺

宗山米粉选用当地纯天然的优质稻米和地下泉水，经过浸、磨、滤、煮、团、榨、晒等一系列手工艺制作而成。制作的米粉不含防腐增加剂，易于吸收佐料的味道，为宴席上头道佳肴和馈赠亲朋好友之佳品。

晒粉

江西风景独好
UNIQUE LANDSCAPE
IN JIANGXI

九江市

自在九江之旅

九江 · 都昌南山

九江 湖区风情之旅

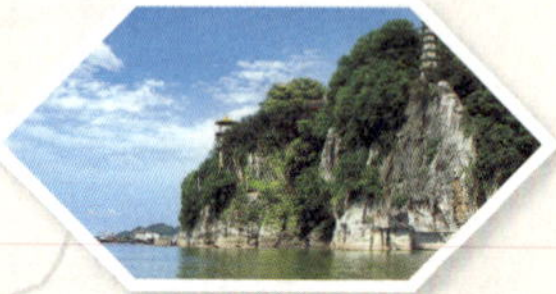

湖口石钟山

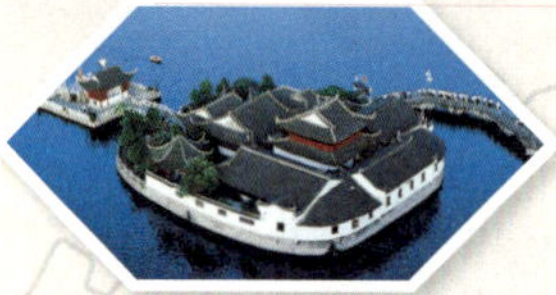

九江市区·烟水亭

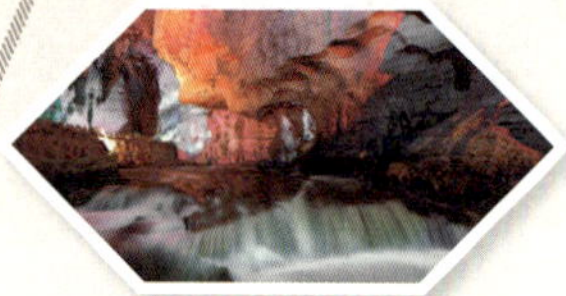

彭泽龙宫洞

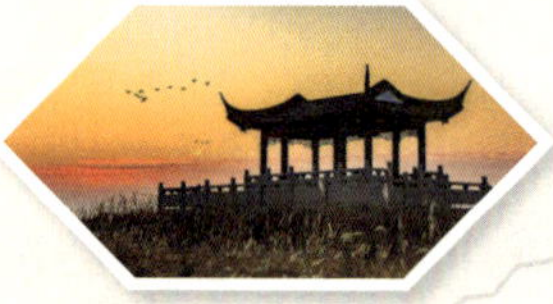

永修县

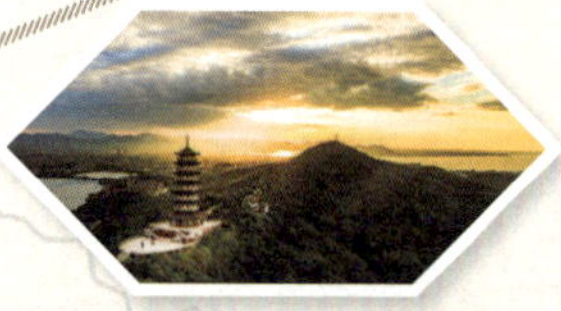

都昌县

Day1 第一天

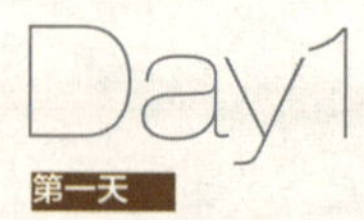

在九江市区逛烟水亭、浔阳楼。前往湖口石钟山景区了解湖口草龙，听清秀婉转的青阳腔。于彭泽龙宫洞景区，游览喀斯特地貌形成的溶洞。

石钟山景区

石钟山景区

石钟山景区位于长江与鄱阳湖交汇处东南岸，因山石多隙，水石相搏，击出如钟鸣之声而得名。山上奇石突兀，楼亭林立，山下悬崖如削，涛拍浪击。登山凭栏，可见江湖交汇，蔚为壮观。

青阳腔剧团表演戏曲《扯伞》

青阳腔

青阳腔是江西弋阳腔的一支分流，简约鲜明的脸谱、独树一帜的音乐、行当齐全的角色、技艺精湛的做打、题材丰富的剧目等让青阳腔经久不衰，世代相传。

前往都昌县看神秘的“东方百慕大”，听老爷庙传说。游永修县大源村，前往燕山农场观看丫丫戏表演，到吴城镇观候鸟。

吴城候鸟小镇

吴城候鸟小镇享有“世界湿地、候鸟王国、千年古镇、水中沙漠”的美誉。吴城为江西四大名镇之一，保存有望湖亭等名胜古迹，还可以欣赏丫丫戏、排工号子，更有鄱阳湖“候鸟低飞、渔歌唱晚”的自然美景。

朱市湖观湖平台

常湖池观鸟平台

九江匠心传承之旅

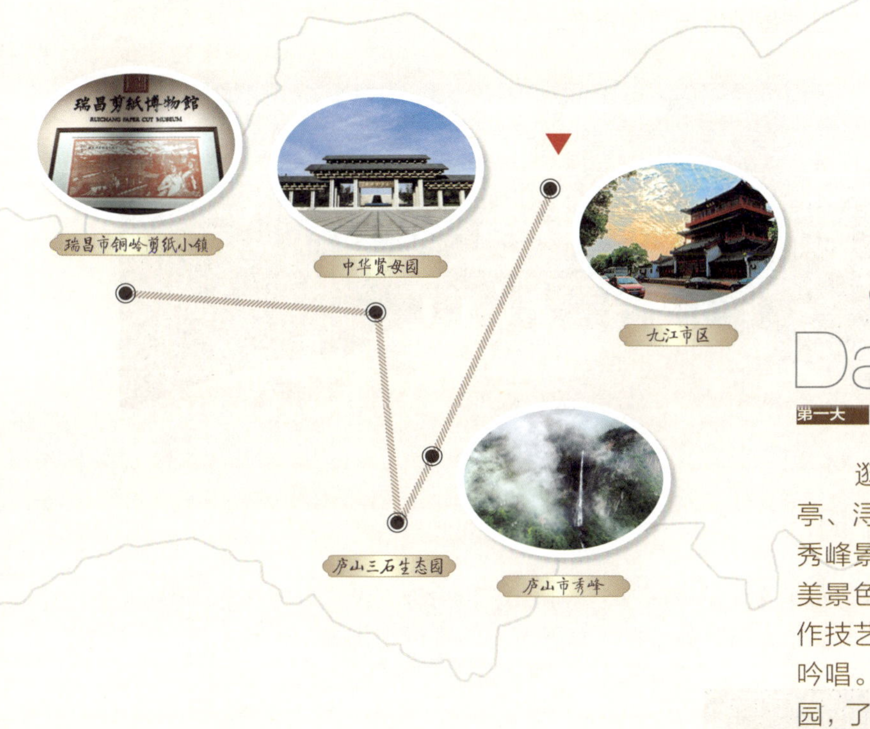

Day1

第一大

逛九江市区烟水亭、浔阳楼，至庐山市秀峰景区，欣赏庐山秀美景色，体验金星砚制作技艺，听西河戏婉转吟唱。在庐山三石生态园，了解古法榨油技艺，尝“三石”菜肴。

庐山古法榨油技艺

庐山古法榨油源于宋代，其技艺达十多道工序。古法榨油耗时耗力，但榨出的油色香味俱全，是绿色无污染的纯天然食品。

古法榨油技艺

在柴桑区中华贤母园景区，感受中华优秀传统贤母文化，节假日还可以欣赏九江山歌表演。前往瑞昌市铜岭剪纸小镇，体验瑞昌剪纸与竹编技艺。

中华贤母园

中华贤母园

九江市柴桑区与贤母文化结缘深厚，陶母、欧母、岳母三大贤母曾在九江生活、游历。园内景点星罗棋布，是寓教于景、寓教于游的贤母文化主题公园。

瑞昌竹编

瑞昌竹编

瑞昌传统竹编制品有簸箕、米筛、箩等。竹编艺人将此技艺传承发展，形成了鲜明风格。丝萝、斗笠选材考究；簸箕、米筛式样规范；提篮、竹椅则小巧玲珑，精致耐用。

九江非遗体验之旅

Day1

第一天

游庐山风景区，爬雄奇秀拔、云雾缭绕的奇山，赏飞泉瀑布，探奇洞怪石，走访名胜古迹，感受独具魅力的庐山。

庐山风景区

庐山以雄、奇、险、秀闻名于世。这里风景秀丽，文化内涵深厚，千百年来无数文人墨客、名人志士在此留下了众多的丹青墨迹和脍炙人口的篇章。

云漫锦绣谷

前往德安车桥镇义门陈村，感受义、忠、孝、廉等传统文化核心价值观。在共青城，游富华山景区、共青精神体验园，寻老一辈垦荒足迹。前往武宁西海湾景区，观看《遇见武宁》大型山水实景演出，以及武宁打鼓歌、采茶戏等非遗表演。

富华山景区

富华山景区

富华山景区内，胡耀邦陵园掩映在苍松翠柏之间，庄重典雅。陈列馆内珍藏了260余件珍贵资料，真实记录了共青城从“共青社”到“共青城市”60余年艰苦的历程。

西海湾景区

西海湾依托境内沙田河、朝阳湖、长水堰、西海堰而建。其中“两湖一河”水上观光游，可沿途欣赏到江湖风光、桥梁文化、民俗表演等景观，领略清澈、广袤的西海湖面。

夜色中的武宁西海湾

武宁打鼓歌

武宁打鼓歌

武宁打鼓歌是以鼓伴奏的劳动山歌，分长歌和短歌。打鼓时，艺人右手持鼓槌以竹节击鼓，左手扶鼓体的一端并以指齐按鼓面。发音铿锵，鼓声悠扬清脆，数里之外都能听见。

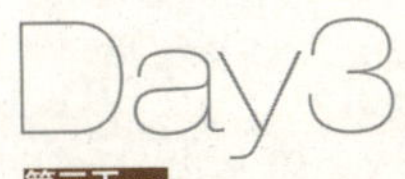

游修水县，看全丰花灯、宁河戏，品宁红茶、体验贡砚制作技艺等，游览九江首个以非遗为主题打造的“花臣武寨”旅游景区。

全丰镇全丰花灯

全丰花灯

全丰花灯是修水全丰镇一项介于灯、戏、舞之间的艺术表演活动。春节期间，乡村各路花灯队云集，从初一发灯一直唱到元宵。民间节日、做寿、上梁、婚嫁，都要请花灯热闹一番。

宁河戏

宁河戏文武兼备，唱、念、做、打完整成套，是由酬神还愿的傩戏发展而成的传统戏曲剧种。声腔以二凡和西皮为主，兼收徽调、昆曲和民歌小调，城乡士庶犹然成风。

宁河全戏戴氏凤舞团

宁红茶园

宁红茶制作技艺

宁红茶历经200余年锤炼，形成严谨精湛的制作技艺。因宁红而生发的茶规、茶俗、茶艺以及宁红茶人的家风家训，成为修水靓丽的地方名片。

景德镇 · 古窑

景德镇市

陶瓷文化传承之旅

景德镇 陶瓷文化传承探寻之旅

Day1

一日游

在中国陶瓷博物馆，了解景德镇“肇自然之性、成造化之功”的陶瓷发展历程。参观古窑民俗博览区、御窑厂，逛瑶里千年古镇。

瑶里风景区

中国陶瓷博物馆

御窑厂

古窑民俗博览区

中国陶瓷博物馆

中国陶瓷博物馆前身为景德镇陶瓷馆，基本陈列展示了历代陶瓷藏品，以明清官窑瓷、民国时期珠山八友陶瓷为特色藏品，主题为“瓷器、瓷业与景德镇城市发展史”。

中国陶瓷博物馆

祭拜习俗

景德镇瓷业习俗

在景德镇千余年的瓷业生产实践中，经外来文化与土著文化的碰撞，逐渐融合为极具地方特色的瓷业习俗。其核心是生产习俗、行帮和行规，已成为景德镇陶瓷历史文化的核心。

景德镇手工制瓷技艺——利坯

景德镇手工制瓷技艺

景德镇手工制瓷“共计一杯工力，过手七十二，方克成器，其中微细节目尚不能尽也”。一系列工序环环紧扣，自成体系，靠着一辈辈匠师们的实践，实现了传统手工成型工艺的艺术价值。

景德镇传统粉彩瓷制作技艺

粉彩瓷是清康熙末期出现的一种低温釉彩瓷，工序有描图、填色、洗染等，以花蝶图最多，色彩鲜丽而持重，粉润柔和而淡雅。

粉彩瓷绘制

九桃瓶

景德镇传统青花瓷制作技艺

青花绘制

青花瓷的生产过程和制作技艺，包括青料加工技艺，绘画装饰技艺和坯胎施釉技艺。釉面篆刻，水墨丹青的儒雅，这是千百年来，仍不可磨灭的风韵。

仿元青花鬼谷下山

御窑厂国家考古遗址公园

御窑厂是专为朝廷烧造瓷器的场所，代表了明清时期中国陶瓷技术的最高水平。明洪武二年，朱元璋在景德镇珠山开办皇家御器厂，一直到清宣统三年，皇家御器厂延续了542年。

御窑厂国家考古遗址公园

釉果制作之成型

景德镇瑶里传统釉果制作技艺

村前溪畔，水车悠然自转，碓声昼夜不息，瑶里农户利用当地盛产的矿石手工制作釉果，历史悠久。经舂碓、起碓、淘洗、沉淀、凝固等过程，一块块洁白的釉果排列在果架上，留存古意浓郁的风貌。

景德镇陶瓷文化传承体验之旅

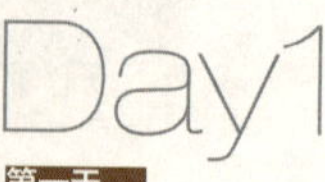

前往名坊园、古窑民俗博览区、景德镇御窑厂，了解明清时期景德镇手工制瓷工艺过程，看传统名瓷精品，参观历史上烧造时间最长、规模最大、工艺最为精湛的官办瓷厂。

名坊园

景德镇国家陶瓷文化传承创新试验区的重要特色窗口，致力于传承和保护中国陶瓷传统技艺，打造一个“浓缩版的景德镇”。

景德镇陶瓷工业园——名坊园

古窑民俗博览区

全国唯一一家以陶瓷文化为主题的国家级旅游景区，在这里可以看到传统手工制瓷生产作业线、四大名瓷作坊、历代瓷窑等景观，更为直观的了解景德镇千年制瓷历史。

古窑民俗博览区

景德镇传统柴窑烧成技艺

该技艺显著特点是利用传统瓷窑，天然木材作燃料，凭借艺人的生产经验和技艺，把一个个泥胎经高温焙烧成为至精至美的瓷器。

开窑

参观雕塑瓷厂，然后前往新兴、多元、国际化的文化地标“陶溪川文创街区”，最后前往皇窑景区。

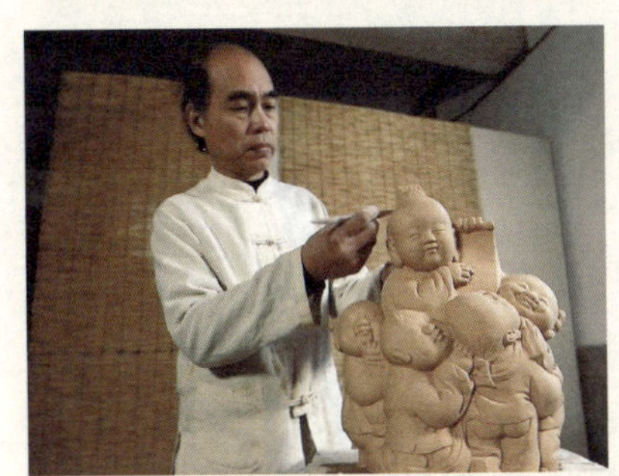

圆雕创作

景德镇雕塑瓷制作技艺

雕塑瓷，是用瓷泥塑雕、捏雕成人物、动物等造型，然后焙烧而成的瓷器。雕塑瓷技艺取材广泛、塑形生动、制作精良，是雕塑艺术的一个重要门类。

陶溪川文创街区

“传统 + 时尚 + 艺术 + 高科技”的城市文创街区，区域涵盖宇宙、为民、万能达瓷厂等 10 多个工业企业，工业遗产众多，历史记忆丰富，是典型的城市老工业区。

陶溪川创意集市

萍乡 · 武功山

萍乡市

昭萍文化之旅

Day1

一日游

上午，前往荷花博览园观赏万亩荷花，在莲江国家级湿地公园看自然风貌。到良坊水韵田心生态旅游区，参观“莲花打锡”“莲花血鸭制作技艺”，以及木雕、篾器、制秤、刺绣、制伞等 7 种传统工艺，体验打锡、纸伞制作。下午，参观路口锡器展览馆与路口古民居。

荷花博览园

坐落于莲花县莲花村，有荷花观赏区、户外宿营区、休闲区、度假区、培育区、农耕体验区等。园区视野开阔，荷花盛开之际，游人络绎不绝。

荷花博览园

莲花木板雕刻

莲花县木板雕刻是从木工中分离出来的一个工种，常称“精细木工”，当地民间称“小木”。有圆雕、浮雕、镂雕或几种技法并用。旧时，多用于祠堂、庙宇建筑。

现场雕刻

上栗古韵之旅

Day1

一日游

前往赤山傩庙，感受傩文化。在杨岐山景区，游览孽龙洞和千年古刹杨岐普通寺。最后前往毛家湾文化村。

上栗傩舞

上栗傩舞承袭明、清“索室驱疫沿门舞”的乡俗，每年正月初二至清明节前后，傩舞队走家串户送福驱疫，表演套路清晰、结构严密、布阵精巧，并伴有念白和音乐。

上栗傩舞

杨岐普通寺

杨岐禅宗文化

禅宗六祖惠能认为，一切众生皆具佛性。杨岐宗继承、发展这一思想，主张心是万法之本、宇宙万法皆由心起，促进了杨岐禅宗思想向社会各阶层传播，成为其千年生生不息的内在源泉。

毛家湾之光

毛家湾文化村

毛家湾文化村由红色文化区、农家餐饮区、垂钓休闲区等组成。境内山丘、平地相交坐落有致，绿树成荫，侗族风格建筑群体、水塘荷花交融相叠，与丰富的自然景观浑然天成。

新余 · 分宜夏布制作

新余市

天工开物之旅

天工记忆·分宜匠心之旅

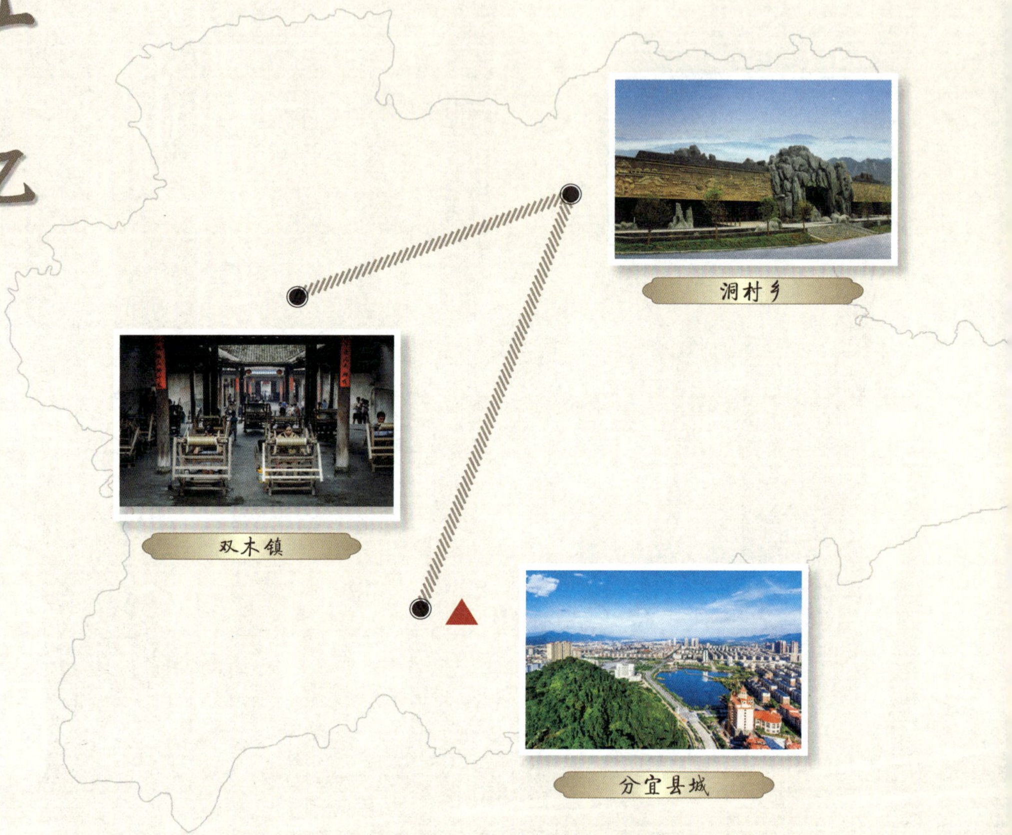

洞村乡

双木镇

分宜县城

上午至分宜县，参观版画、奇石、夏布绣，品尝辛记豆腐乳，观看中国传统拳术心意六合拳，听洪阳洞传说，体验明城墙砖制作技艺。随后至洞村乡，参观洞村竹编，了解神牛洞传说，游览南村天工开物之家。下午到双木镇参观分宜夏布制作技艺，观看分宜道情和双林豆腐制作技艺，品尝黄氏一品芋，看分宜采茶戏。

分宜版画（作品）

分宜版画

分宜版画历史悠久，初期为宣传抗日而作，见证了新中国成立以来各个历史发展进程，传承不息，逐步走向成熟。

洞村竹编

洞村竹编是农耕社会的产物，制品包括生活用品和生产用具的方方面面，与老百姓的生产生活紧密相连，制作多采用环保材质，多数竹编兼有装饰功能与观赏价值。

竹编手艺人

分宜夏布制作技艺（刷浆）

分宜夏布制作技艺

明代中叶，分宜编织夏布普遍采用腰机代替原始的织布机。宋应星在《天工开物》中列有“腰机”和“夏服”两章，指出正因分宜普遍使用腰机织夏布，才使麻织布得到发展。

新余印象·多彩非遗之旅

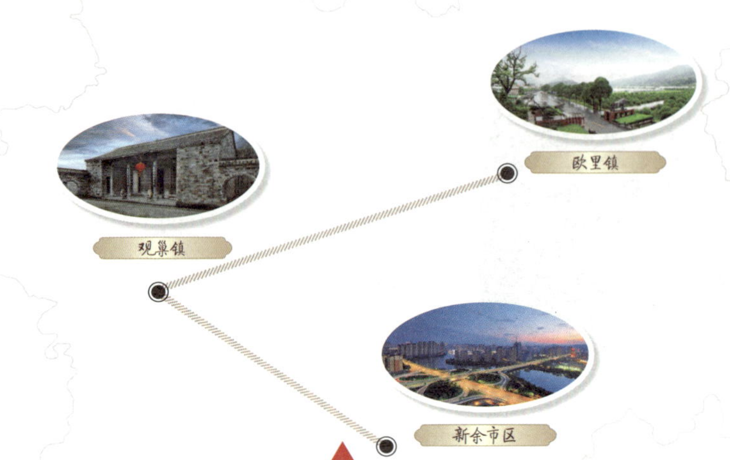

Day1

一日游

上午前往新余市区观看威风锣鼓、凤凰戏灶、红百年传统木雕，参观夏布绣博物馆，观看新余花鼓戏。下午前往观巢镇观看非遗"十样景"，推车灯，舞龙灯。后至欧里镇，欣赏昌坊剪纸，参观非遗展示馆。

夏布绣博物馆

馆内拥有江西历代民间刺绣藏品 2367 件（套），设有夏布绣精品展区、江西历代民间刺绣展区、刺绣还原区、夏布绣非遗技艺展示区、夏布绣非遗研学体验中心和夏布绣文创馆。

绣娘刺绣

夏布绣博物馆二楼展厅

新余观巢十样景

十样景为当地一种民间乐器合奏。演奏时，锣鼓咚咚，琴笛悠扬，唢呐洪亮，铛钹铿锵，节奏井然，和谐美妙，具有极强的艺术感染力。

观巢十样景

昌坊非遗展示馆开展公益课活动

昌坊非遗展示馆

昌坊非遗展示馆

馆藏以昌坊剪纸为主，昌坊剪纸以人物造型逼真、生动传神的剪纸作品著称。逢年过节、娶亲嫁女都有用红纸剪窗花、贴“囍”字等习俗，寓意幸福美满。

中国非物质文化遗产
ZHONGGUO FEIWUZHI WENHUA YICHAN
江西风景独好
UNIQUE LANDSCAPE
IN JIANGXI

鹰潭市

道教文化之旅

鹰潭 · 龟峰

龙虎山景区非遗主题之旅

Day1

一日游

在古越水街好运道场，参加大型道教宴席“天师八卦宴”。后至仙人城品尝仙人豆腐。再到桃花洲，观看鸬鹚捕鱼和升棺表演。至天师府，观看天师道斋醮科仪，欣赏天师道音乐。最后到上清古镇，品尝传统特色名肴上清豆腐。

天师八卦宴

天师八卦宴，是历代天师为宴请宾客，举行重大活动时设置的大型宴席。设席时，选用老式八仙桌，精选八种瓜类，以卦象之义入菜，按八卦方位摆盘。荤素菜肴便在空位摆下，围成太极八卦图，文化韵味十足。

龙虎山天师八卦宴

升棺表演

升棺表演

当地居民选择将已故先人安葬于凌空绝壁之上，追求宁静和太平，称为“崖葬”。他们把祖先的棺椁升上陡峭的绝壁，放置在天然岩洞中。升棺表演这一习俗成为龙虎山重要景观之一。

上清古镇

古镇有上千年的历史,位于上清宫景区内。现存有上清宫、天师府、正一观等古迹，道教文化氛围浓厚。

上清古镇

龙虎山秀美山水之旅

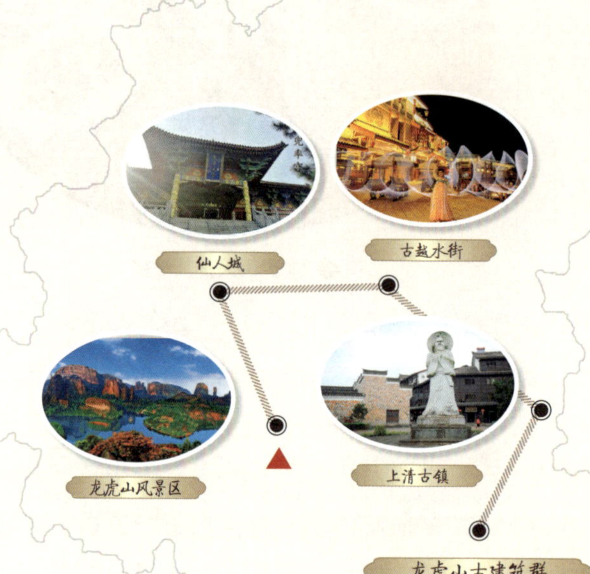

Day1

一日游

上午至龙虎山风景区坐观光车游览象鼻山，乘竹筏游泸溪河，观看两岸“十不得”景观 。下午游览仙人城，再回古越水街，晚餐可品尝天师八卦宴，并观看行进式大型山水实景演出《寻梦龙虎山》。

《寻梦龙虎山》

演出采用全新的“行进式”观演方式,展现“千古名岳，道都仙山”的仙境与龙虎山丹山碧水的旖旎风光。

寻梦龙虎山

上午至上清古镇景区乘观光车游正一观、上清古镇、上清宫，感受千年古镇深厚的道教文化。下午游览龙虎山古建筑群（天师府），欣赏天师道音乐、天师道斋醮科仪，观看国保文物元铜钟、赵孟頫所书仁靖真人碑。

天师府

天师府第坐落在贵溪上清古镇，南朝琵琶峰，面临上清河。整个府第由府门、大堂、后堂等部分构成，是 处王府式样的建筑。院内古木参天，环境清幽，昔有“仙都”“南国第一家”之称。

天师府仪门

龙虎山天师府玉皇殿

赣州 · 宋城

赣州市

客家新赣线之旅

客家新赣线·围屋印象之旅

Day1
一日游

了解客家围屋，追徐老四发迹史。在关西新围，看赣南客家围屋，品尝客家传统名菜“古法捶鱼”。后至渔仔潭围，喝咸丰皇帝同款米酒。最后游燕翼围和乌石围。

关西新围

龙南市关西新围依山傍水，围内院落、厅堂、房间、天井一应俱全，是迄今国内保存最为完整，结构、功能最为齐全的一处有代表性的赣南客家围屋。

关西新围内木雕

赣南客家围屋营造技艺

赣南客家围屋营造技艺

赣南客家围屋是整个客家民居的母体，龙南市至今保存有 376 座形态各异的客家围屋，这与精湛的围屋营造技艺密不可分。龙南客家围屋选址尊重传统风水，在防御建筑方面相对成熟和完备，在构造艺术上，给后人留下了许多艺术珍品。

客家新赣线·古色非遗之旅

Day1
一日游

一日两楼台，登郁孤台、八镜台，领略宋城风韵。在赣县区文化城，看“东河戏”，体验食贡制作。前往赣县区田村镇，赏花灯、打黄元米果。最后，在白鹭古村落，观看明清古建筑和木偶戏。

郁孤台历史文化街区

“郁孤台下清江水，中间多少行人泪”。郁孤台，因辛弃疾笔下的《菩萨蛮·书江西造口壁》闻名。郁孤台历史文化街区如今已成为著名文化旅游景区，更有众多历史人文古迹汇聚于此。

郁孤台

东河戏

东河戏

此戏在高腔的基础上，逐步融合昆曲、宜黄调、桂剧、安庆剧、弋板、南北调、秧歌调等，发展成拥有高、昆、弹三大声腔较为完整的地方戏曲剧种。

黄元米果制作技艺

黄元米果原用大禾米加工而成，60 年代后多用粳米精制，现改为机器制作，每年腊月均有上市，具有柔软细嫩、熏香味鲜、爽口久藏的特点。

黄元米果制作技艺

客家竹雕作品

客家竹雕

以刀代笔，以竹为纸。客家竹雕选材以孟宗竹和桂竹为主，讲究手感和刀法，按形施艺，细微处不逐刀逐刻。“远看似木，似木是竹”，达到以假乱真的艺术效果。

客家新赣线·客家风情之旅

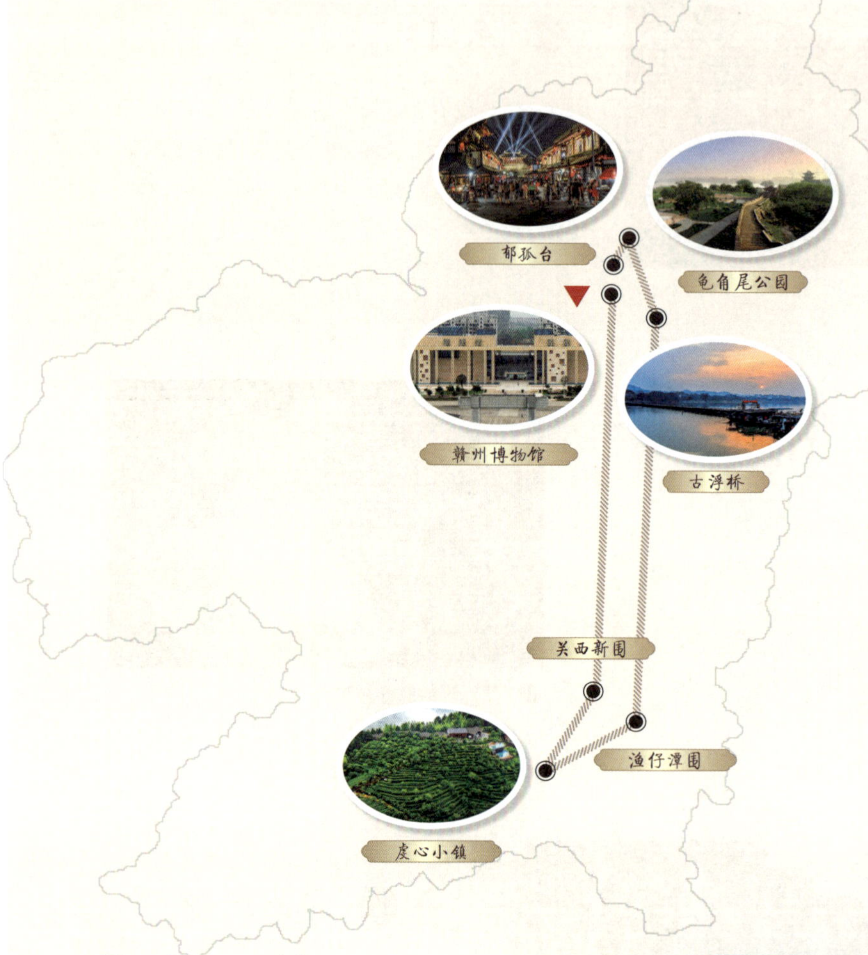

郁孤台

龟角尾公园

赣州博物馆

古浮桥

关西新围

渔仔潭围

虔心小镇

Day1

第一天

前往赣州博物馆，了解客家源流路程。看关西新围，逛乌石围、燕翼围。入住龙南市虔心小镇，赏田园竹海风光、山间泳池。

虔心小镇

深居于九连山东北麓的虔山，以“虔”文化为主题，让游客寻根客家虔文化历史。置身万亩茶园、竹海，享受生态山水田园生活。观看非遗项目展示传习等设施，感受浓厚客家民俗风味。

龙南市虔心小镇

在虔心小镇，体验客家米酒酿造技艺、赣南客家擂茶制作技艺。至渔仔潭围，喝咸丰皇帝同款米酒。走古浮桥，到龟角尾公园看客家先民南迁纪念鼎，最后逛郁孤台文化街。

龙南杨村米酒酿造技艺

在龙南杨村，家家户户都会酿酒。杨村米酒原料只有糯米、水加酒曲，但糯米的品种、酒曲的选择、气温的高低等诸多因素都决定了酒酿出后的味道和质量。

榨酒

桃江农民山歌剧团

龙南客家山歌

在开垦劳动中，龙南客家先民靠唱山歌缓解劳累、抒发情感。山歌音调高亢，运用赋比兴等修辞手法即兴演唱，因结构短小，易歌易记而流传广泛。

龙南传统榨油技艺

龙南传统榨油技艺

虔心小镇的榨油坊已有上百年的历史，将放在石槽内的茶籽碾碎、放入饭甑内蒸熟、上榨床……古法榨出的油营养成分保留完整，飘香四溢，广受人们追捧。

江西风景独好
UNIQUE LANDSCAPE
IN JIANGXI

宜春市

温泉康养之旅

宜春 · 明月山

宜春

明月山万载铜鼓养生之旅

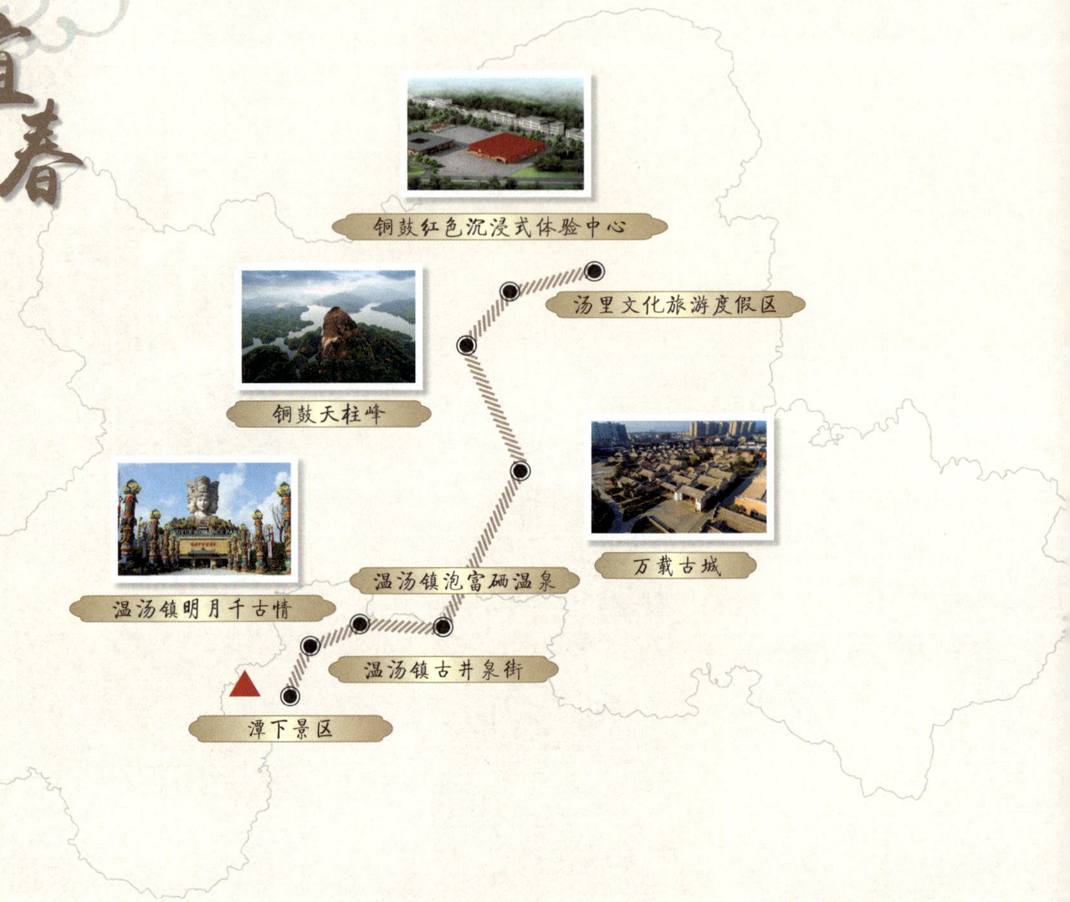

铜鼓红色沉浸式体验中心
汤里文化旅游度假区
铜鼓天柱峰
万载古城
温汤镇泡富硒温泉
温汤镇明月千古情
温汤镇古井泉街
潭下景区

Day1

第一天

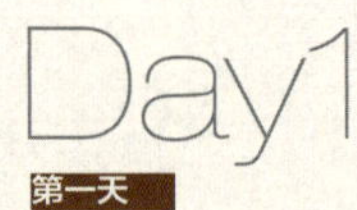

前往明月山温泉风景区潭下景区，品尝金片禅茶、袁州松花皮蛋等非遗美食。游览温汤镇明月千古情景区、古井泉街，欣赏宜春采茶戏、袁州南庙武术传统表演类非遗项目展演，泡富硒温泉。

泡茶

宜春金片禅茶制作技艺

金片茶始于唐，盛于宋，宋孝宗皇帝御赐金片茶名“金观音”。选址、耕种、采摘、凉青、文火、揉捻、造形、甄选、烘焙等十八道程序，环环严谨，古法传承。

袁州松花皮蛋制作技艺

此技艺做到原料精选，中草药配方精制加工而成，从内到外依次呈现红、豆黄、豆绿、深灰、茶红等五色，是佐餐佳肴和馈赠亲友之佳品。

袁州松花皮蛋制作技艺

富硒温泉

位于明月山脚下，是国内外少有的富硒低硫温泉，具有800多年历史。

富硒温泉

至万载古城赏夏布织造技艺、开口傩、得胜鼓、花炮制作技艺等展演展示，品万载土扎粉、百合粉、油卷等当地非遗美食。前往铜鼓天柱峰，听铜鼓客家山歌、观七鲤抢虾等非遗项目表演。最后参观铜鼓红色沉浸式体验中心、汤里文化旅游度假区。

上浆

万载夏布织造技艺

南北朝时期，万载乡农蔺思源发现富有韧性的苎麻，并将它的表皮剥下编制帷帐，后逐渐改进，采用纯洁的苎麻纤维织造夏布，其以“柔软润滑，平如水镜，轻如罗绡”誉满全国。

万载得胜鼓

民间唢呐曲牌与民间锣鼓结合的产物。主要表现古代将士出征、交战、凯旋、庆功等，是当地民俗活动中不可缺少的重要项目之一。

万载得胜鼓

万载开口傩

开口傩有生旦净丑等角色，几乎每角必唱，且唱念做打齐全。它的咒文、香卷等文字大多是颂神恩、劝良善，有助于提高民众道德修养。

万载开口傩

万载花炮制作技艺

万载花炮产于宋，盛于清，其技艺代代相传。如今，已从单一的响声好，发展到声、色、烟、香、花等综合造型运用，爆竹品种达1000多个。

星城礼花灿烂

铜鼓红色沉浸式体验中心

中心以“秋收起义”为主题，采用沉浸式投影、VR等现代技术，情景再现毛泽东在铜鼓领导秋收起义的故事场景，让游客重温革命历史，传承红色基因。

红色沉浸式体验中心

丰城樟树高安康养之旅

Day1

第一天

在丰水湖公园观非遗展示馆，赏岳家狮、花钗锣鼓等表演，品冻米糖等非遗美食。然后至洪州窑碗泥岭古窑，观看制陶技艺流程。最后至樟树市中国古海养生旅游度假区。

丰城岳家狮

丰城百姓创造“岳家狮”纪念民族英雄岳飞。岳家拳的威、雄、险，将意、念、形、态共冶一炉，将武术舞美揉为一体，蕴藏着深厚的文化内涵和高雅的艺术玄机。

传授舞狮技艺

花镲锣鼓

丰城花镲锣鼓

丰城花镲锣鼓萌芽于南宋时期丰城荣塘镇龙光书院，唢呐、锣和镲等打击乐并重。民间婚丧节庆均演奏花钗锣鼓，乐队一律是七人十件乐器，风格粗犷、曲调激昂。

丰城冻米糖制作技艺

乾隆下江南，品尝冻米糖后评价为“脆酥香甜”。起初是民间用炒米生产，后改由冻糯米油炸，是久负盛名的传统糕点小吃。

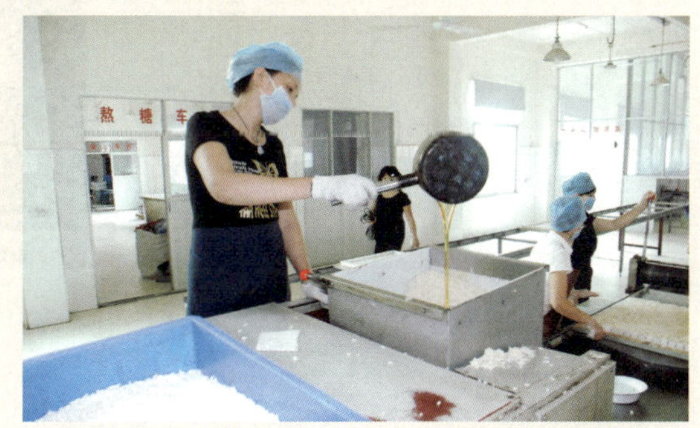

冻米糖制作技艺

古海主厅

中国古海景区

中国古海景区将原本是工业原料的岩盐资源，打造成“湛蓝的神奇死海”旅游产品，有盐沙馆等景点，并开发专利养生旅游保健商品“盐药贴”，推出 20 多种旅游商品。

前往樟树市阁皂山，听阁皂山的传说，看历史文化遗存。在岐黄小镇，逛中药文化博物馆。还有樟树市三皇宫、中药材市场，品药膳美食，参观省级非遗生产性保护示范基地。

樟树中药炮制技艺

樟树中药炮制技艺尤重药材的切制、炮炙，切制是根据药材形态和质地，加工成各种式样的饮片；炮炙药材主要有水制、火制、水火共制，以火制居多，是老药工识药、制药的智慧结晶。

樟树中药炮制技艺展示——白芍飞上天

樟树药都药膳制作技艺

樟树药都药膳要求精通医理、药理、烹饪原理，既要懂得药性、药理及其相克性，还要懂得动、植物原料的性能，与药物相配的功效，是一门新型学科。

樟树中药材市场正面

樟树药都·药膳之三味南瓜饼

在高安八景礼港逛庙会。参观大观楼腐竹厂，了解腐竹制作技艺。前往百峰岭景区，听道情、看锣鼓戏。最后在巴夫洛生态谷，欣赏高安采茶戏。

高安腐竹制作技艺

高安腐竹以当地优质人豆为原料，配以当地偏软的地下水，通过十一道工序生产而成。其风味纯正，久煮不化，兼有止咳清痰，解毒养胃之效。

高安腐竹

高安采茶戏《花好月圆》

高安采茶戏

高安采茶戏起源于当地的民间彩灯，采用了京剧以及民间吹打中一部分锣鼓经，以“语言通俗生动、行腔淳婉清越、气韵刚柔交错、表演质朴优雅”的艺术特色享誉戏坛。

江西风景独好
UNIQUE LANDSCAPE
IN JIANGXI

上饶市

吴楚文化之旅

上饶·婺源篁岭

江西 婺源观摩体验之旅

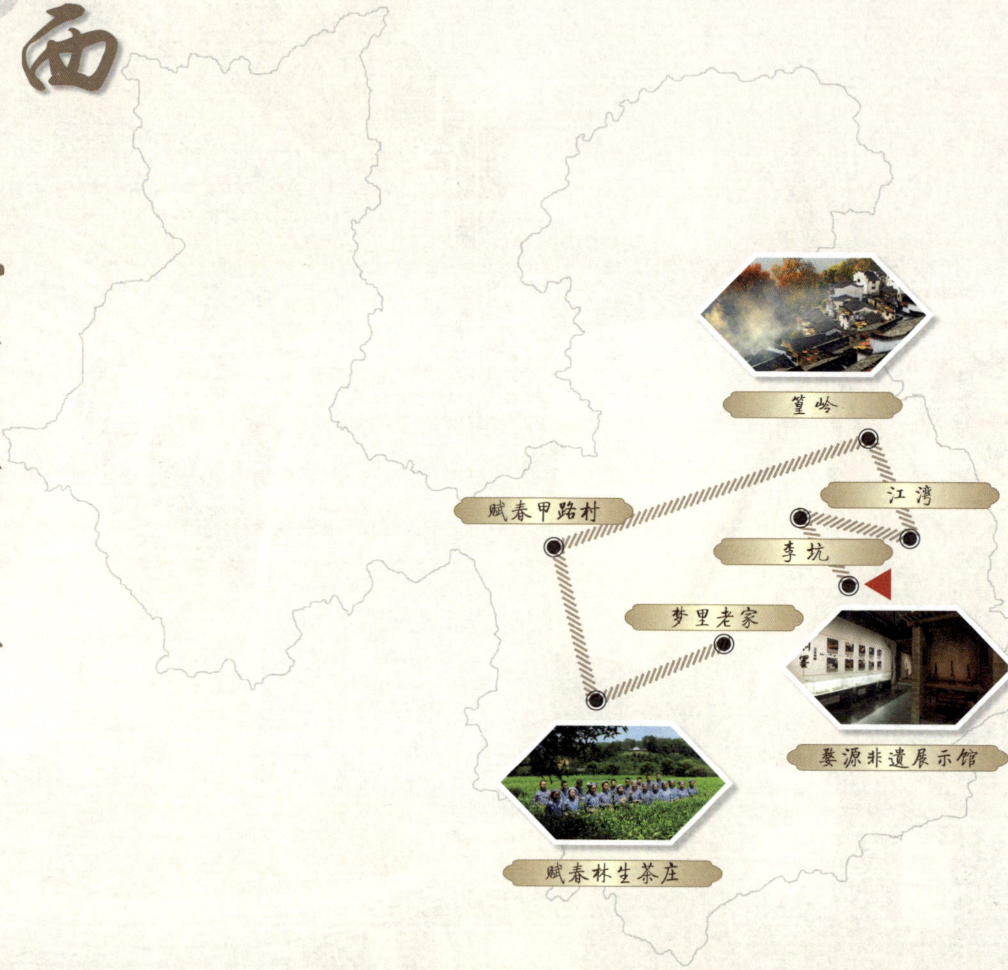

篁岭

江湾

赋春甲路村

李坑

梦里老家

婺源非遗展示馆

赋春林生茶庄

参观婺源非遗展示馆。然后至李坑、江湾、篁岭，观看傩舞、徽剧、茶艺等非遗特色表演与“晒秋人家”。至赋春甲路村观制伞流程、“中华一绝”的甲路抬阁、绿茶制作技艺，再至林生茶庄小憩。最后，观看大型山水实景演出《梦里老家》。

婺源非遗展示馆

重点展示婺源国家、省、市级14项非遗项目和婺源徽州文化生态保护区建设成果。

婺源非遗展示馆

婺源三雕

婺源三雕是婺源古建筑所用的砖、石、木三种民间雕刻艺术的总称。在婺源，凡有古村落、古建筑就有婺源三雕，其内容丰富、手法精湛，令人叹服。

思口新源俞氏宗祠木雕局部

江湾

江湾

这里山水环绕、文风鼎盛、群贤辈出，自宋至清孕育状元、进士与仕宦 38 人，传世著作 92 部，是当之无愧的婺源“书乡”代表。

晒秋

篁岭

篁岭属典型山居村落，村内梯田叠翠铺绿，村庄聚气巢云，民居围绕水口呈扇形梯状错落排布，被称为“梯云人家”，因晒秋而闻名遐迩。

婺源茶园

婺源绿茶制作技艺

早在唐代，婺源已成为著名茶区。婺源绿茶制作采用了量小热揉烘坯等手工操作，经十余道工序精制而成。制出的绿茶有白毫显露、条索匀正的外形，为不可多得的茶中珍品。

《梦里老家》实景演出

《梦里老家》

景区依托大美婺源的旅游资源优势，融合非遗项目表演，让游客沉浸式体验古徽州繁花似锦、车水马龙的市井风情。

横峰美食之旅

慢时光亭子上

非遗展示馆

岑山森林公园

司铺乡

葛源镇

逛司铺乡，看横峰傀儡戏。至非遗展示馆、慢时光亭子上，观看横峰剪纸艺术等非遗项目。在岑山森林公园，听岑山传说，来一场“森呼吸”的旅行。最后至葛源镇，现场制作葛粉和兴安酥。

横峰傀儡戏

该剧演出剧目丰富，声腔古老，分连台戏、整本戏和花杂戏三种，多演忠奸争斗、扬善惩恶的历史神话故事，皆唱西皮、二黄，其中二黄一直保持老宜黄腔面貌。

横峰傀儡戏

傀儡戏老艺人

挖葛根

横峰葛粉制作技艺

葛源葛粉制作采自山中豆科藤本植物葛的根茎，经水磨而澄取的淀粉。明、清两朝葛源葛粉曾作为贡品贡奉朝廷，具有透疹止泻、除烦止渴等功效。

兴安酥

横峰兴安酥制作技艺

兴安酥又名芋头糖，是用上等糯米掺和芋头，外裹芝麻、白糖、茶油等原料制成的食品。当地糯米质白、软黏，所制的兴安酥入口即化。

吉安 · 青原山净居寺

吉安市

庐陵文化之旅

庐陵古色文化之旅

Day1

第一天

前往青原区富田景区，听文天祥故事。至渼陂古村，看渼陂彩擎；最后在青原山风景区，赏美景，了解青原山传说。

文天祥故事

在吉安，留有不少文天祥颇具神话色彩的传说故事，如“文曲星抱柱”“仙客下凡”。文天祥毁家纾难举兵抗元、慷慨殉国的故事，更成为激励人们爱祖国、爱家乡的典型教材。

各版本的故事书

青原渼陂彩擎

渼陂彩擎是让孩童扮成戏剧人物，由八个成年人抬着三个童男童女在水平面，或垂直道具上旋转表演。游艺时，鼓乐喧天，展示喜庆与祥和。

台擎

青原山风景区

这里青山常绿，碧水长流，被历代高僧、学士赞誉“山青、水青、气青”。山中净居寺也为省文物保护单位、国家重点寺庙。

青原山风景区

前往吉州窑景区，参观吉州窑博物馆，了解吉州窑陶瓷烧制技艺。在白鹭洲书院公园，听白鹭洲传说。

清静幽雅彩绘作坊

吉州窑木叶天目盏

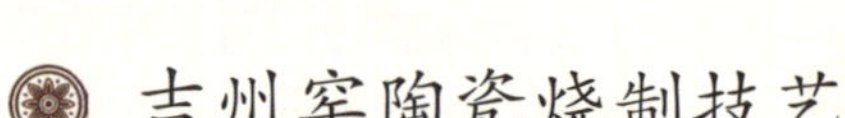

吉州窑陶瓷烧制技艺

吉州窑始建于晚唐，极盛于南宋。所烧陶瓷品种主要有剪纸贴花、釉下彩绘、木叶、虎斑玳瑁等，成为中国陶瓷史上独树一帜的代表。

白鹭洲传说

三山半落青天外，二水中分白鹭洲。据传："白鹭仙子善良、勇敢，为保住洲上莘莘学子的生命，与洪水斗争最后沉入洲底，把白鹭洲驮在身上，白鹭洲再没被洪水淹没。"

风月楼

庐陵红色文化之旅

安福蝾螈温泉

安福武功山、羊狮慕

青原东固畲族乡红色旅游景区

永新县龙源口景区

青原区渼陂古村

井冈山茨坪

Day1

一日游

爬安福武功山，在羊狮慕赏秀美风景，听武功山传说，泡蝾螈温泉。

安福武功山

历史上，武功山曾冠以“衡首庐尾武功中”。这里高山草甸，奇峰怪岩星罗棋布，登高远望，有“万里云山齐到眼，九霄日月可摩肩”之意境，是赣西旅游景区中一颗璀璨夺目的明珠。

晨曦的武功山

嵊源温泉

武功山嵊源国际温泉度假村

酒店提倡“慢生活”的生活方式，提供各种温泉种类。温泉泉水日出水量 2500 ～ 3000 吨，出水温度可达 80 余摄氏度，让人放慢脚步，品味生活。

前往永新县龙源口景区，观看盾牌舞表演。在井冈山茨坪，喝红米酒，了解竹编技艺，重走红军挑粮小道，唱客家山歌。

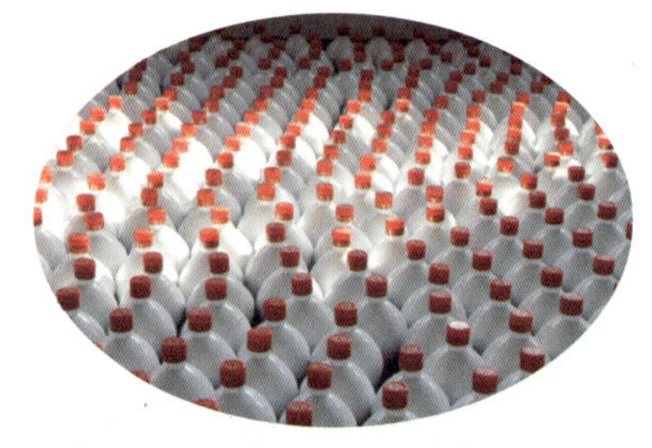

井冈山红米酒酿制技艺

井冈山红米酒酿制技艺：发源于井冈山客家土法酿造，以红米为主要原料，配以井冈清泉，其酒体橙红，入口绵甜，回味悠长。

井冈山红米酒酿制技艺

茨坪景区

茨坪景区

1927 年 10 月下旬，毛泽东同志率领中国工农革命军到达茨坪，建立第一个农村革命根据地，写下了《井冈山的斗争》。如今，这里是公园式山城，亭台楼阁相映成趣，旅游设施齐全，成为井冈山的中心景区。

前往青原东固畲族乡红色旅游景区，了解东固传统造像，在青原区渼陂古村，看渼陂彩擎。

东固传统造像

明朝初年，刘氏先祖因雕刻技艺精湛，成为御用“雕銮匠”，御赐为神像开光的特权。从事该技艺的人被称“丹青先生”，艺人精于雕刻，擅长书画，在当地堪称一绝。

神像雕刻

抚州 · 金溪县浒湾书铺街

抚州市

临川文化之旅

抚州 戏曲傩乡之旅

Day1

第一天

上午前往抚州市博物馆、汤显祖纪念馆，感受临川文化、汤翁巨著《临川四梦》。下午在文昌里景区，看南丰馆傩情、南丰白舍窑、临川金银錾刻及临川篾编技艺。入夜，欣赏大型实景演出《寻梦牡丹亭》。

《寻梦牡丹亭》大型实景演出

《寻梦牡丹亭》大型实景演出

良辰美景奈何天，赏心乐事谁家院？来抚州文昌里，看一场《寻梦牡丹亭》。游人移步亭台楼阁间，在如梦如幻又真实可感的艺术观演中，感受杜丽娘与柳梦梅的缠绵哀婉。

Day2 第二天

上午前往南城麻姑山景区，参观盱江医学馆，看麻姑酒制作技艺，了解建昌帮药业。下午观无烦群像·南丰国际面具文化展示馆、南丰傩面具雕刻展示馆，了解傩面具雕刻技艺，参观南丰白舍窑展示馆，在石邮傩文化古村观看石邮傩舞表演，最后在南丰妆迎广场，游览瑶浦非遗展示馆。晚饭后，还可到国安夜市逛逛，有南丰泥炉、南丰橘饼橘糕等特产任意挑选。

南城建昌帮药业

中国四大药帮之一，以擅长传统饮片加工炮制，药材集散交易著称。药界至今还有“药不到樟树不齐，药不过建昌不灵”之说。

中药炮制

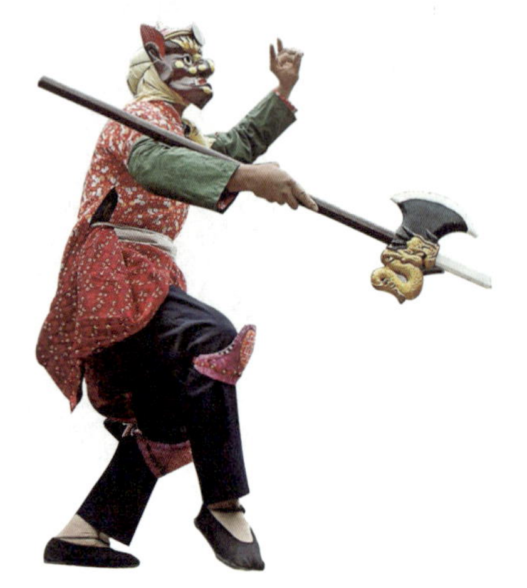

石邮傩文化古村

古村位于南丰县西南部，明清古建筑达46栋，保留有起傩、跳傩、搜傩、圆傩等古老傩仪，傩舞动作古朴、苍劲。品橘、观傩、祈福成为当地旅游观光的三大热点。

← 傩艺人表演

Day3
第三天

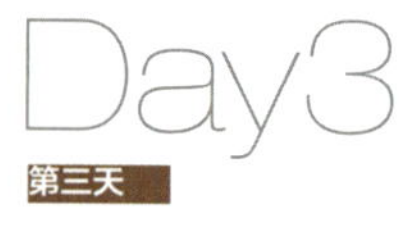

上午前往中国莲花第一村姚西，看莲池，了解广昌白莲生产及加工技艺，然后前往驿前莲花古镇，赏白莲，走访明清古建筑。下午在溪畔彭田，感受乡村田园风光，参观莲文化体验馆。

↓ 姚西村莲池

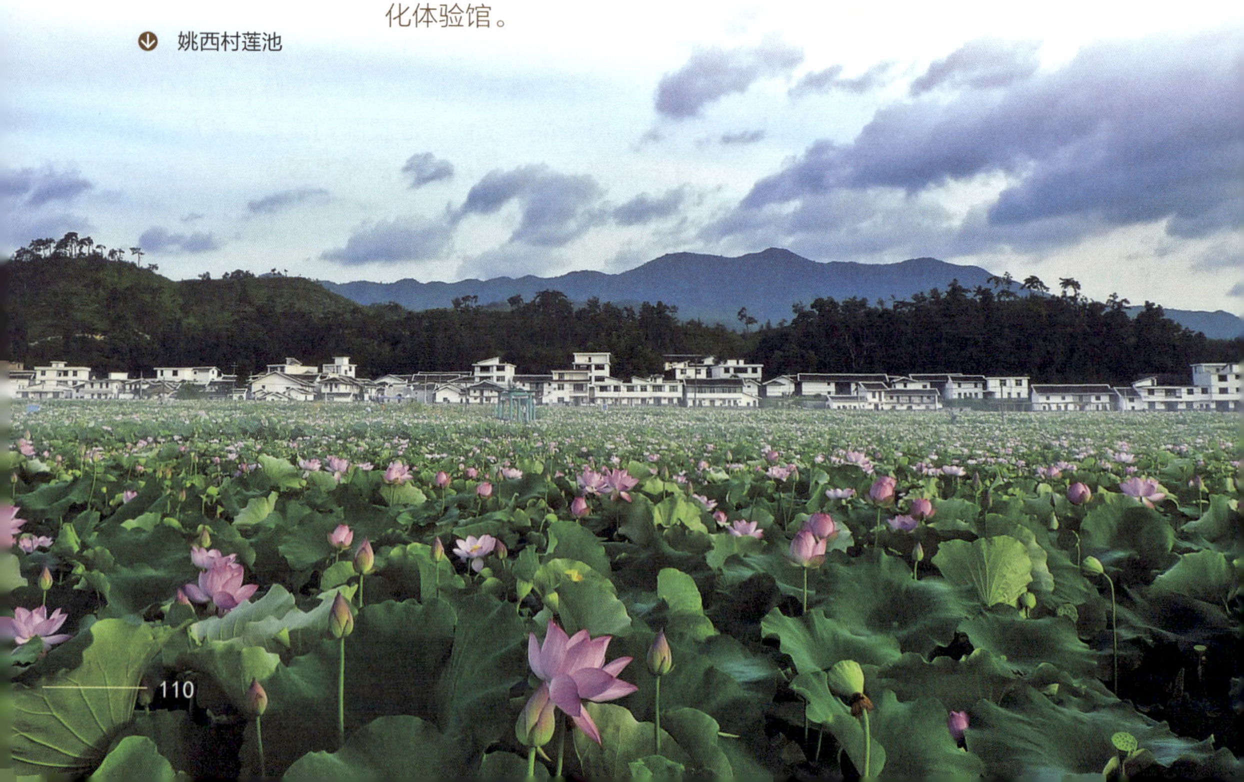

抚州秀美乡村之旅

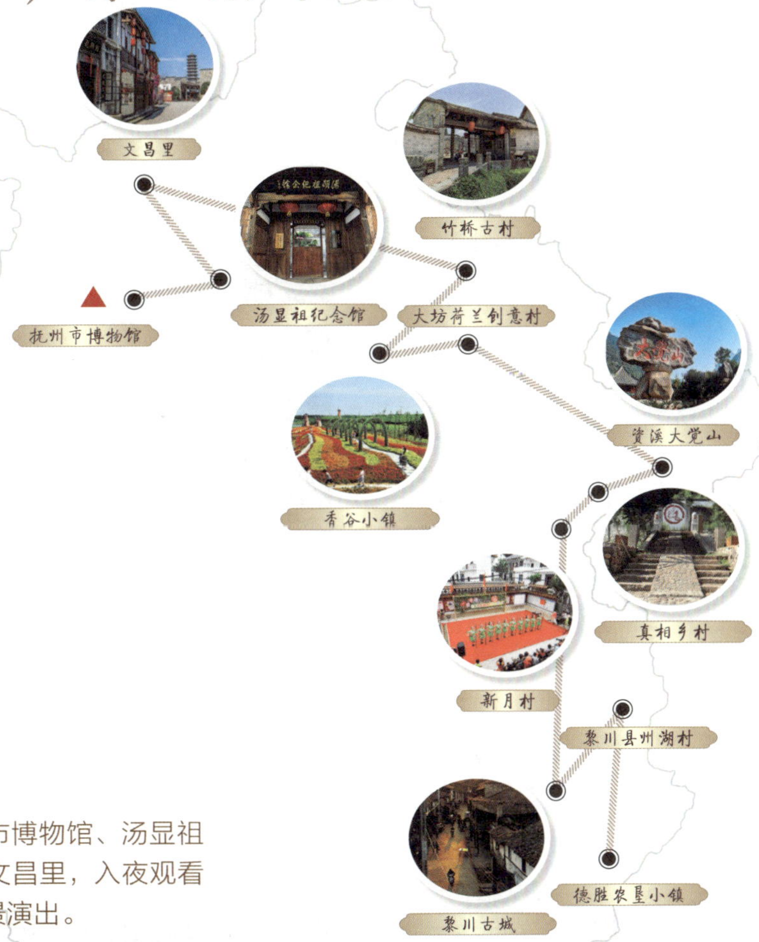

文昌里

竹桥古村

汤显祖纪念馆

大坊荷兰创意村

抚州市博物馆

资溪大觉山

香谷小镇

真相乡村

新月村

黎川县州湖村

德胜农垦小镇

黎川古城

Day1

第一天

上午参观抚州市博物馆、汤显祖纪念馆，下午前往文昌里，入夜观看《寻梦牡丹亭》实景演出。

文昌里

汤显祖纪念馆

上午前往竹桥古村，观看非遗展示。下午在金溪香谷小镇了解当地香精香料特色产业，体验果园采摘，然后前往大坊荷兰创意村。夜宿资溪大觉溪。

金溪手摇狮

一种以双手擎举狮具舞弄戏耍的民间灯彩艺术，流传于金溪县胡家村。明末清初，脱胎于民间板凳武术散打，改板凳为竹编纸糊的小狮。丰收或元宵时节，手摇狮与花灯、龙灯为伍，逐户送春祈福，是一项隆重的民俗活动。

手摇狮

上午游览资溪大觉山景区，逛非遗展馆。下午在真相乡村观看“猴狮舞”表演。至新月村，体验畲族婚俗，体验畲族竹竿舞。夜宿黎川。

资溪猴狮舞

每年正月初一至十五，该舞挨家挨户上门表演，有一套严密的流程和仪式。现保留有十套剧目动作，每套动作可表演 2 ~ 3 小时，中间动作不重复，再现了古代人们战胜自然灾害的精神诉求。

猴狮舞

畲家闹歌

新月畲族文化村

畲族人喜歌尚武，每逢农历二、七、八月的十五，都要祭祀祖先，表演火功、刀功、板凳功等传统技艺。每逢畲族民俗文化节，省内外游客达上万人次。“女儿红酒”“仙筒煲”声名远播。

上午在黎川古城逛孔庙、古床博物馆、张恨水故居等景点。下午前往黎川县州湖村，看船型古屋、泡温泉、赏原始生态阔叶林。最后至德胜农垦小镇，逛农垦文化体验园，体验真人 CS 镭战。

踢脚球

黎川舞白狮

晚清时，黎川就已盛行舞白狮，尤其是春节贺岁，大年初一清晨都要请狮拜屋。白狮造型魁梧，打击乐上下翻舞，有气吞山河之势。百姓有传，在门前舞狮，恶鬼邪魔一扫而光，因而有“旺屋”的寓意。

抚州红色文化之旅

Day1

第一天

逛抚州市名人雕塑园、临川区党建文化园，在休闲娱乐中接受红色教育，陶冶个人情操。

到乐安，参观红军标语博物馆，了解乐安苏区歌谣。在芙蓉山五女跳崖旧址，听五女跳崖的故事。前往登仙桥大捷旧址，品读中央苏区第四次反“围剿”战役历史。

红军标语博物馆

馆分序厅、展厅、多媒体室、文物库房等，300多条珍贵红军标语真实展示了中央苏区时期书写标语分化打击敌人的斗争历史。

红军标语博物馆

乐安苏区歌谣

乐安苏区歌谣

乐安是革命老区，在革命宣传活动中，人们把思想、信念编成歌词，用简单易懂的歌谣传唱，鼓舞士气。

来黎川，到中共闽赣省委、省革委、省军区旧址，红七军团指挥部、政治部旧址，传承红色基因。至广昌县革命烈士纪念馆，读革命烈士的事迹。在高虎脑苏区小镇，感受红色的力量。

高虎脑苏区小镇

中央苏区第五次反“围剿”主战场之一，高虎脑战役所在地。有沙子岭邱家祠毛泽东故居、高虎脑革命烈士纪念碑、万年亭战斗遗址等多处红色革命旧址。

高虎脑红色苏区小镇红军烈士纪念碑

高虎脑红色苏区小镇

广昌苏区故事

广昌苏区故事

广昌是第五次反“围剿”的主战场。故事大体分为战役类、拥军类、先烈类、领袖类和高级将领类，折射出革命先烈顽强的革命斗志。

江西“非遗＋旅游”优秀案例

随着非遗保护进入巩固抢救保护成果、增强传承实践活力的新阶段，逐渐形成新的气象和格局，涌现出一批具有广泛代表性和示范借鉴意义的优秀实践案例。在文旅部评选出的“2019 非遗与旅游融合十大优秀案例”中，江西两例榜上有名。

参观景德镇古窑景区

↑ 国外驻华使节参观景德镇古窑景区

↓ 古窑研学游

1. 景德镇：古窑让非遗“活”起来

千年窑火，生生不息。承载着中华文化与中华民族哲学智慧的江西景德镇手工制瓷技艺享誉全球。文旅相融，古窑新生。为传承优秀传统文化，景德镇古窑恢复传统制瓷作坊与红店，并复建复烧瓷窑，使景德镇古窑景区重新焕发生机与活力，成为代表千年瓷都的一张瑰丽名片。

2. 婺源：非遗让中国最美乡村更有“味道”

江西婺源，悠久的徽商历史在这片热土上遗存了丰富灿烂的非遗资源。这里有国家级非遗代表性项目 5 项，省级 12 项，是国家级“徽州文化生态保护区”。婺源县大力整合非遗资源，建立多个特色小区，较早地走出了一条非遗旅游融合发展之路。

婺源梦里老家演绎小镇“现场招胥”

婺源傩舞

外宾感受婺源甲路伞魅力

媒体号矩阵

南昌市

1. 李度烧酒酿造技艺
抖音号：LiDu999

2. 安义匾额书法雕刻技艺
抖音号：1920551406

3. 江右贡绣
微信视频号：陶卫华刺绣艺术

4. 明清文化园
微信公众号：江西明清古民居博览园

5. 南昌瓷板画
微信公众号：南昌瓷板画艺术博物馆

6. 凤凰沟
微信公众号：江西省凤凰沟景区

7. 煌上煌酱卤博物馆
微信公众号：煌上煌之煌味视界

九江市

1. 湖口石钟山景区
微信公众号：石钟山景区

2. 吴城候鸟小镇
微信公众号：鄱阳湖吴城候鸟小镇

3. 彭泽龙宫洞景区
微信公众号：庐山龙宫洞

4. 庐山秀峰景区
微信公众号：庐山秀峰景区

5. 柴桑区中华贤母园景区
微信公众号：中华贤母文化园

6. 富华山 4A 景区
微信公众号：共青城富华山

7. 武宁西海湾景区
微信公众号：武宁最美西海湾

景德镇市

1. 景德镇中国陶瓷博物馆
微信公众号：景德镇中国陶瓷博物馆

2. 古窑民俗博览区
微信公众号：景德镇古窑民俗博览区

3. 景德镇陶溪川文创街区
微信公众号：陶溪川文创街区

4. 皇窑景区
微信公众号：皇窑

5. 名坊园
微信公众号：名坊园

萍乡市

1. 杨岐山景区
微信公众号：杨岐山旅游

2. 毛家湾文化村
微信公众号：毛家湾美食文化村

新余市

1. 洞村竹编
抖音号：非遗竹编老李（鸿铭阁）

2. 中国洞都
微信公众号：水发易达旅游洞都景区
抖音号：中国洞都景区

3. 渝州绣坊夏布绣
微信公众号：夏布绣
抖音号：夏布绣婉菁

鹰潭市

1. 天师府
微信公众号：嗣汉天师府

2. 大上清宫
微信公众号：道教祖庭

3. 龙虎山古越水街
微信公众号：古越水街

4. 上清古镇
微信公众号：上清古镇

赣州市

1. 景区名称：虔心小镇
微信公众号：虔心小镇汇客厅
抖音号：虔心小镇

2. 乌石围、燕翼围
微信公众号：杨村印象

3. 关西围景区
微信公众号：享游龙南

4. 红军村——华屋
微信公众号：瑞金旅游

5. 江南宋城历史文化旅游区
微信公众号：①赣州华侨城
②江南宋城历史文化旅游区
抖音号：赣州华侨城

宜春市

1. 明月山潭下景区

微信公众号：明月山旅游
抖音号：明月山景区

2. 明月千古情景区
微信公众号：明月千古情景区
抖音号：明月千古情艺术团

3. 温汤镇富硒温泉
微信公众号：明月山天沐温泉

4. 万载古城
微信公众号：万载古城

5. 铜鼓天柱峰景区
微信公众号：江西天柱峰景区
抖音号：江西天柱峰景区

6. 汤里文化旅游度假区
微信公众号：汤里文化旅游度假区
抖音号：桃源汤里

7. 巴夫洛生态谷
微信公众号：巴夫洛生态谷

上饶市

1. 婺源旅游股份有限公司
微信公众号：婺源风景区
抖音：婺源旅游

2. 篁岭
微信公众号：婺源篁岭景区
微信视频号：婺源篁岭晒秋
抖音：婺源篁岭晒秋古镇、篁岭微发布、篁岭晒秋美宿

3. 梦里老家
微信公众号：婺源梦里老家景区
抖音：江西婺源梦里老家

4. 德兴白粿制作
微信公众号：楼上楼田园综合体

5. 葛仙村度假区
微信公众号：葛仙村度假区
抖音号：葛仙村度假区

6. 玉山罗纹砚制作技艺
微信公众号：怀玉文化
微信视频号：名匠之门
抖音号：怀玉文化

吉安市

1. 渼陂景区
微信公众号：渼陂古村

2. 东固传统造像
微信公众号：江西省丹青先生雕刻有限发展公司

3. 东固景区
微信公众号：东固旅游

4. 井冈山景区
微信公众号：井冈山旅游

抚州

1. 江西大觉山景区
微信公众号：江西大觉山景区

2. 资溪真相乡村旅游区
微信公众号：真乡旅

3. 临川篾编
抖音号：文昌里竹艺轩工艺品

4. 临川金银錾刻
抖音号：文昌里锦色银艺（临川金银錾刻）

5. 红色后龚
微信公众号：金溪县红色后龚

6. 麻姑山风景名胜区
微信公众号：麻姑山智慧旅游

7. 建昌帮
微信公众号：建昌帮、建昌帮药业

8. 曹山景区
微信公众号：梦里曹山

9. 养心谷・金竹飞瀑景区
微信公众号：养心谷金竹飞瀑

10. 江西九瀑峡景区
微信公众号：江西九瀑峡景区